AF227291

LA VÉRITÉ

SUR

LES ORIGINES

DE

M. DURAND

Député du Rhône

Par M. ARNAUD,

CURÉ DE CEYZÉRIEU

QUATRIÈME TIRAGE

LYON

CHEZ TOUS LES LIBRAIRES

—

1877

Lyon. — Imprimerie L. BOURGEON, rue Mercière, 92.

LA VÉRITÉ

SUR

LES ORIGINES

DE

M. DURAND

DÉPUTÉ DU RHÔNE

Depuis longtemps, M. Durand semble s'arroger gratuitement le droit de la violence et de l'outrage. Pour cet homme, dévoré de la fièvre malsaine de l'injure, il n'y a plus rien de sacré. Parti de bien bas, il a besoin, chaque jour, de déverser le fiel de sa passion et de sa haine sur tout ce qui, dans cette société qu'il jalouse et déteste, demeure digne de respect et de considération. Mais jamais il n'a cru pouvoir le faire plus impunément que depuis qu'il est député. Drapé dans les plis du manteau qui semble garantir son inviolabilité, il ne garde plus de mesures et de bornes. Dans ses diatribes violentes et insensées, il est surtout un thème qu'il recherche et affectionne plus particulièrement : c'est le thème contre le prêtre. Quand il en parle, ce n'est plus de la passion et de la haine, c'est de la rage. On dirait qu'il semble ne pouvoir vivre, si chaque jour il n'en mange. Bien souvent déjà il nous en avait donné des preuves ; mais jamais preuve plus éclatante que celle qui nous a été fournie par le discours du 15 octobre, à Saint-Genisles-Ollières. Triste et repoussant mélange de mauvais goût, de cynisme et d'ordures, ce discours passionné et haineux qui excite les uns contre les autres, les citoyens d'une même patrie, aurait dû, suivant l'expression d'un très-honorable journal, *conduire son auteur sur les bancs d'une cour d'assises ou tout au moins en police correctionnelle.* Pour ne point être taxé d'exagération, je le cite textuellement d'après les feuilles rouges elles-mêmes, afin que le public qui peut l'ignorer, soit à même de le juger, en dehors de tout esprit de prévention, et contre l'auteur et contre moi.

. . . . , ...

« Les factions monarchiques, mues par la haine et l'ambition, trament et complotent ostensiblement la perte de la République.»

« Et qui voyons-nous *à la tête de cette criminelle coalition ? Le Prêtre !*... »

« Le prêtre qui, au nom des saintes décrétales et de l'infaillibilité papale, lance, du haut de la tribune sacrée, *ses anathèmes à la France et à ses institutions !*... »

« Le prêtre qui, toujours pérégrinant d'une station dévote à l'autre, entraîne partout à sa suite un troupeau d'ouailles *abêties et fanatisées par ses prédications !*... »

« Le prêtre devant qui toutes les portes sont ouvertes ou qui sait bien se les faire ouvrir; que l'on voit partout; qui *s'insinue dans toutes les fissures, qui parcourt les maisons de la cave au grenier, du salon à l'alcove;* ici, en se glissant silencieusement dans l'ombre; là, en levant *arrogamment* la tête d'un air *provocateur;* à qui les somptueux palais et l'humble chaumière sont également accessibles, *et qui hait la liberté autant au moins qu'il aime Dieu !*... »

« Le prêtre, qui s'empare des consciences, *enrégimente les femmes depuis les maritornes jusqu'aux grandes dames, sans que toujours son excessive charité lui permette de distinguer et d'exclure les vieilles paillardes en retraite, et, à meilleure raison, les jeunes paillardines pseudo-repentantes !... »*

« Le prêtre qui, tout en faisant sa pieuse besogne, ne manque jamais d'invectiver ceux qui le contredisent ou ne pensent pas comme lui, et *qui oublierait plutôt vingt fois de lire son bréviaire que d'insulter la République et de baver sur les Républicains !... »*

« Tel est, Citoyens, *la tête de l'hydre aux mille tentacules, le fauteur, le grand propulseur de la triple coalition ourdie contre la République, contre la République qui le paye et le nourrit !... »*

Est-ce assez épicé ? Le tableau est-il assez chargé ? Le lecteur a pu en juger. Provoqué chaque jour par les insultes de M. Durand, depuis longtemps, je l'avoue, je méditais contre lui une petite revanche sinon tout-à-fait innocente, au moins bien pardonnable à un prêtre si souvent insulté dans le noble corps dont il a l'honneur de faire partie. Ayant fait certaine découverte, je voulais simplement obliger M. Durand à s'effacer davantage et à garder un peu plus le silence, en lui posant une question quelque peu embarrassante pour lui, surtout dans l'éminente position qu'il occupe aujourd'hui. Mon intention était de garder *l'incognito* et de confier la question à poser, à une bonne feuille quelconque. Mais, quand m'est arrivé le discours de Saint-Genis, j'ai senti qu'il serait indigne de ma part de garder ce caractère, et c'est pour cela, que, malgré ma répugnance, je suis entré personnellement en scène. Je l'ai fait, par deux lettres publiées dans un journal de Lyon, lettres qui, toutes deux, sont arrivées à l'adresse de l'intéressé. En répondant aux attaques de M. Durand, au nom de tous mes frères outragés, je ne me suis point placé sur le terrain de la calomnie et de l'injure; sur ce terrain, mon adversaire est trop fort; j'étais vaincu à l'avance. Je me suis placé simplement sur un terrain où il est peut-être moins redoutable, sur le terrain des faits, de la vérité, de la justice et du droit.

Peut-être un certain public trouvera-t-il étrange, au premier abord, que ce soit moi, curé de la commune natale de M. Durand, qui entreprenne contre lui une semblable campagne. Mais à cette objection la réponse est facile. De quel droit M. Durand est-il sans cesse à nous fouler sous la boue de ses pieds? Un ver de terre se retourne quand on l'écrase; chaque jour, comme prêtre, je suis foulé aux pieds et insulté par lui, et il ne me serait pas permis de me retourner à mon tour? Probablement, il est vrai, si j'eusse été seul en cause, je n'eusse répondu que par le dédain et le mépris à de si grossières et avilissantes injures qui retombent d'elles-mêmes de tout leur poids sur leur triste auteur et que le bon sens public a déjà suffisamment flétries. Mais, quand tous les jours, je vois le Dieu que je sers, publiquement outragé; quand je vois tout le corps auquel je tiens à honneur d'appartenir, cyniquement insulté; quand seul, par les documents que je possède, je puis imposer silence à cet homme qui ne sait plus rien respecter, je ne le ferais pas? Ah! c'est bien alors que je mériterais le nom de prêtre lâche et sans cœur qui déserte honteusement la cause sacrée qu'il a le devoir de défendre.

Et puis, quels seraient à Ceyzérieu les gens assez

bornés pour s'offenser de voir M. Durand ainsi remis à sa place? M. Durand est-il donc pour nous une si grande gloire? Sa vie publique et politique a-t-elle le droit de nous rendre si fiers? Mieux que tout autre, je connais la considération dont il jouit dans son pays natal, et c'est précisément ce qui me rend plus hardi et me met mieux à l'aise pour répondre à ses provocations.

J'offre donc au public ces deux lettres, dont l'une est adressée à la Rédaction et l'autre à M. Durand lui-même. Je les reproduirai sans crainte et dans leurs termes natifs, parce qu'elles ont été quelque peu modifiées par la Rédaction qui ne peut point toujours user d'autant de liberté qu'une simple brochure.

A monsieur le Rédacteur de la *Décentralisation*.

Monsieur,

Je viens de lire le dernier discours de M. Durand, à Saint-Genis.

Singulière concordance! Au moment même où M. Durand posait aussi peu glorieusement pour sa mémoire, devant le peuple de Saint-Genis, je m'occupais précisément à rechercher ses origines. M. Durand s'occupe tant des curés, il est bien juste qu'ils pensent aussi un peu à lui, et surtout celui de sa commune natale.

D'ailleurs, vous le savez, si on aime instinctivement à connaître les origines des célébrités de tout genre, on l'aime plus encore quand elles touchent de si près. A ce titre M. Durand nous intéresse, car s'il n'est pas tout à fait une de nos gloires, il est bien une de nos célébrités.

Et puis, comme le dit si bien M. Durand dans son discours, sinon remarquable, au moins si remarqué : *Le prêtre qui sait si bien se faire ouvrir les portes, qui aime à parcourir toutes les maisons de la cave au grenier, cherche à s'insinuer dans toutes les fissures.* Mais, je l'avoue, je n'ai pas été heureux. J'ai eu beau *me faire ouvrir toutes les portes* de la mairie et du greffe, *parcourir de la cave au grenier toutes les maisons* des parents et amis qui ont connu l'honorable député, *m'insinuer dans toutes les fissures* des archives et dossiers, il est dans la vie publique de M. Durand, un fait important, indispensable dont je n'ai pu découvrir aucune trace, c'est ce qui m'oblige à lui poser devant le public de Lyon et de la France, cette simple question qui, je l'espère, ne sera pas trop indiscrète : M. Durand voudrait-il bien avoir la bonté de nous dire dans quelle commune il a tiré au sort et satisfait à la loi ?

M. Durand est né à Ceysérieu (Ain) le 25 avril 1820. Son père, originaire de la Savoie, était venu se fixer quelques années auparavant dans ce pays qui est limitrophe, et il y avait contracté mariage en 1819. De droit, M. Durand a appartenu à la classe de 1841 ; mais de fait, comme fils d'étranger, il a dû faire partie de la classe de 1842. Or, les listes de recrutement de ces deux années consultées avec le plus grand soin, se taisent absolument sur son nom. Où donc alors M. Durand aurait-il tiré au sort, puisqu'il ne l'a pas fait dans sa commune natale, ce qui est l'habitude générale ? A Dieu ne plaise qu'il vienne jamais à ma pensée qu'il se soit soustrait à un devoir si sacré ! ce serait faire la plus sanglante injure à un patriote si ardent, qui sait parler avec tant d'éloquence de l'amour et du dévouement qu'on doit à son pays ! Mais, pour son honneur et le nôtre, il faut qu'il nous le dise et sans retard. Car, s'il venait à garder un silence compromettant, combien de gens mal intentionnés dans le monde, combien surtout de ces vieux réactionnaires qui ne l'aiment pas, parce qu'il est un bon patriote et un violent républicain, qui ne manqueraient pas de dire aussitôt : « Voyez-vous ce M. Durand qui parle tant et si haut de la patrie et de son pays ; qui, en 1870, prêchait si fort la guerre à outrance, et voulait nous envoyer tous à l'ennemi, il n'a pas tiré au sort !...

Pour se soustraire au devoir sacré que demandait de lui la nouvelle terre qui l'a reçu à sa naissance, *qui l'a nourri et le paye encore*, il a refusé le noble titre de Français qu'elle lui offrait à ce prix !! Donc il n'est pas Français, on ne peut pas même l'appeler savoyard. »

« Et puis, diront-ils encore, voyez-vous ce M. Durand, qui n'a pas tiré au sort, il est membre du Conseil général ! mais ce qu'il y a de plus fort, il est député ! oui, député ! et, comme tel, il peut à un jour donné, disposer de la fortune de la France, bien plus, disposer du sang de ses enfants, quand il lui a refusé le sien !!! »

Il faut donc, et cela sans retard, que M. Durand dise un mot précis pour dissiper tous ces doutes, rassurer ses amis et confondre ses ennemis. Car s'il venait à se maintenir trop, dignement dans un silence affecté, quelles conséquences fatales en résulteraient : son honneur personnel serait compromis ; il ne pourrait plus désormais prononcer de discours, ah ! quel dommage ! Tous les bons patriotes lyonnais, jusqu'à ce jour si fidèles, rougiraient d'eux-mêmes et de lui et ils l'abandonneraient ; les collègues de l'Assemblée le repousseraient comme un intrus ; et chose qui ne doit pas toujours rester indifférente, les honneurs et les émoluments pourraient être compromis pour l'avenir. Donc, à tous ces titres, il est nécessaire que M. Durand parle, et le plus tôt possible ; tout l'exige.

Pour moi, j'affirme que j'ai pris tous mes renseignements sur place et aux sources autorisées ; je l'affirme sur mon honneur et ma conscience.

Ayant posé moi-même la question, avec non moins d'intérêt et d'impatience que tout le public, j'attends que M. Durand, les actes authentiques en main, nous dise dans quelle commune de la France, et même de la Savoie, il a satisfait à la loi du recrutement.

Ceyzérieu, le 24 octobre 1876.

Mais M. Durand n'a pas parlé du tout. La feuille qui avait inséré la lettre, n'a cessé de le provoquer tous les jours et parfois même d'une manière assez mordante; toujours même silence, vrai silence de mort! Mais ce malheur serait-il arrivé? Non, rassurons-nous; comme le dit la chanson, M. Durand n'est pas mort, car il vit encore. Hier, c'était grand combat à la Chambre: les gauches voulaient tuer l'amendement du budget des cultes. M. Durand était à son poste! Il est peut-être bien un peu malade; mais, ce jour-là, même à moitié mort, il devait être sur la brèche, eut-il dû même y mourir.

Mais enfin, quelle serait donc la raison de ce silence morne et obstiné qui est si peu dans ses habitudes? Le bât l'aurait-il blessé? Serait-ce un motif d'impuissance? ou bien serait-ce l'effet d'un sentiment de dignité outragée par une semblable question? Je l'ignore. Toutefois je ne me suis point découragé. Après quinze jours de vaine attente, je me suis donc décidé à écrire à M. Durand lui-même, espérant mieux réussir par cette voie. Voici cette lettre:

A Monsieur Durand, député du Rhône.

Monsieur,

Le 25 octobre dernier, à Saint-Genis, vous nous avez couverts de boue et traînés dans la fange. Des hommes plus autorisés que moi auraient pu vous répondre, mais ils ont compris que des injures aussi basses et aussi grossières ne se vengent que par le silence et le mépris. Moi seul, placé sur les lieux de votre origine, j'étais à même de soupçonner l'existence des armes qu'on pouvait tourner contre vous. Mes recherches m'ont bien servi. Au nom de tous mes frères insultés, j'ai relevé le gant que depuis tant d'années vous nous jetez si outrageusement.

Le 24 octobre je vous ai posé devant le public de Lyon et de la France cette simple question : Dans quelle commune de la France ou même de la Savoie avez-vous tiré au sort et satisfait à la loi? Vous n'avez pas répondu ; ce doit être pour cause. Par cette simple question, je vous ai placé sur un terrain glissant où votre pied, si ferme sur les tréteaux de Saint-Genis et de tant d'autres lieux, ne se sent déjà plus la même solidité.

Vous ne m'avez pas répondu, Monsieur, la raison en est simple, et je ne crains pas de vous la dire hardiment : vous n'avez pas tiré du tout.

Vous n'avez pas tiré dans votre canton natal, les listes de recrutement nous l'affirment.

Vous n'avez pas tiré dans une commune étrangère, le silence que vous avez gardé depuis quinze jours nous l'assure.

Vous n'avez pas tiré dans une commune étrangère, la loi vous obligeait à le faire dans le domicile de votre père qui vivait à Ceyzérieu en 1842 et qui y est mort bien longtemps plus tard.

Vous n'avez pas tiré dans une commune étrangère ; car, si vous vouliez me dire que, accomplissant cet acte solennel à 21 ans passés, vous avez pu choisir un autre lieu, je vous répondrais d'abord : mais ce lieu, nommez-le donc enfin, il y a quinze jours que je vous le demande. Et puis je vous répondrais ensuite que, fils d'étranger, jamais vous n'auriez voulu en choisir un autre, pour montrer à tous vos compatriotes que vous aviez généreusement satisfait à la loi, et échapper ainsi à cette honte qui, dans nos pays de frontières, stigmatise et poursuit ceux qui ont voulu s'y soustraire.

Vous n'avez pas tiré, parce que je tiens de vos parents, de vos amis, de tous ceux qui vous ont connu, que jamais vous n'avez satisfait à la loi.

Vous n'avez pas tiré, et voici une preuve sans réplique et qui à elle seule me suffirait en dehors de toutes les autres : si vous aviez tiré, il y a un mois bientôt que j'aurais été cité en police correctionnelle pour diffammation contre votre honorable personne.

Donc, Monsieur, vous n'avez pas tiré! Donc vous n'êtes pas *Français*, parce que notre code refuse ce noble titre avec tous les priviléges et droits qu'il comporte, à tout fils d'étranger qui n'a pas satisfait à la loi sacrée du recrutement.

Mais l'annexion!!! me direz-vous? L'annexion! Ah! Monsieur, vous avez trop d'esprit pour invoquer un semblable sophisme. L'annexion! Monsieur, vous le savez bien, n'a jamais pu vous faire Français et je vais vous le prouver par la plus simple notion du droit. La Savoie, par l'annexion, et d'après les termes mêmes du traité de 1860, n'a jamais pu donner à la France que les sujets qui lui appartenaient; or, vous ne lui avez jamais appartenu, donc elle n'a jamais pu vous donner. Et je le prouve.

Vous êtes né en France; d'un père Savoyard qui n'a jamais été naturalisé Français. A ce titre, la Savoie a pu vous revendiquer encore pendant que vous avez été mineur. Mais, quand, à 21 ans. devenu maître de vous-même, vous n'avez pas répondu à son appel pour le recrutement; vous l'avez reniée pour votre patrie. A partir de ce jour aussi, par un pacte implicite et réciproque, la Savoie vous a rejeté comme son fils et son sujet, et elle n'a plus voulu voir désormais en vous qu'un étranger.

Si donc la France, sur le sol de laquelle vous êtes né, vous renie et vous rejette comme son fils, comment voulez-vous qu'elle vous accepte avec les autres sujets, comme fils de la Savoie, de la Savoie où vous n'êtes point né, de la Savoie sur les registres de laquelle vous n'avez jamais été inscrit à aucun titre quelconque, de la Savoie à laquelle vous avez refusé l'impôt, et surtout le plus sacré de tous : l'impôt du sang ?

Donc, Monsieur, pour conclure : vous n'êtes pas *Français*; vous n'êtes pas *Savoyard*; donc vous ne pouvez invoquer le bénéfice de l'annexion; la Savoie n'a jamais pu vous donner, je vous le répète, parce que vous ne lui avez jamais appartenu. Vous êtes sans patrie !

Cela posé, je suis amené à vous demander : de quel droit êtes

vous *électeur ?* Je lis dans la loi de février 1852, art. 12 : « *Sont*
électeurs, sans conditions de cens, tous les Français âgés de vingt-un ans,
jouissant de tous leurs droits civils et politiques. » Or, Monsieur,
jamais, ni en France, ni en Savoie, vous n'avez pu jouir de droits
civils et politiques, parce que jamais, ni en France, ni en Savoie,
vous n'avez satisfait à cette loi sacrée du recrutement qui peut
seule les donner et qui est comme le second baptême consacrant
l'enfant d'une patrie. Jamais, sans être inconséquente et ridicule,
l'annexion n'a pu vous accorder gratuitement ces droits, pas plus
qu'elle n'a pu vous affranchir du devoir qui peut seul les donner ;
donc vous ne pouvez être *électeur*.

Vous êtes impuissant à être électeur ! Et alors, à plus forte raison : De quel droit siégez-vous dans le conseil du département ?
De quel droit surtout, *Étranger*, siégez-vous dans une assemblée
qui représente la France et qui est chargée de ses plus hautes
destinées ?...

Viendrez-vous encore ici, me répéter le sophisme de l'annexion
et me dire que l'annexion recouvre tout ? Qu'au pis aller, pour
affranchir bien des positions fausses, la loi, urgeant sur le principe
de l'annexion, ait pu concéder à des fils d'étrangers qui n'ont jamais
satisfait nulle part, certains droits civils, pour qu'ils ne soient pas
absolument des parias au milieu du pays qu'ils habitent, je le com-
prendrais encore ! Mais qu'à ces mêmes hommes parasites égoïstes
et sans cœur qui, nourris par la France, plutôt que de servir la
France, ont refusé de devenir les fils et les sujets de la France, la
loi ait voulu concéder le privilège auguste et l'insigne honneur
de devenir les représentants de la France ? Oh ! non, Monsieur,
jamais ! C'est impossible ! Ce serait une honte ! S'il en était ainsi,
comme Français, je n'aurais plus qu'à me voiler la face entre les
deux mains et à rougir des lois de mon pays !...

Mais, grâce à Dieu, il n'en est point ainsi. Je vois au contraire,
que la loi a toujours voulu sauvegarder l'honneur et la dignité de
l'Assemblée qui dirige la France. J'ouvre le code Napoléon. En par-
lant des conditions de l'éligibilité pour l'assemblée, il se tait sur
les fils d'étrangers, il les rejette. La loi de 1849 est plus large, elle

les admet. Mais aussi, Monsieur, voyez à quelles conditions : il faut qu'ils aient satisfait à la loi du recrutement, quand, comme vous, ils ont pu le faire ; il faut qu'ils aient été légalement naturalisés ; il faut qu'ils aientséjourné pendant dix ans consécutifs sur le territoire Français, après l'acte passé de leur naturalisation ; il faut surtout qu'une loi émanée de l'Assemblée, ait consacré leur droit personnel à l'éligibilité. Or, Monsieur, je vous le demande : quelle satisfaction personnelle avez-vous donnée à toutes ces clauses si formelles de la loi? Le recrutement! Vous n'avez jamais satisfait à cette loi sacrée dans aucune des deux patries que vous pouviez choisir ! *Français ?* vous ne l'avez jamais été ! *Savoyard ?* vous ne l'avez jamais été ! *Naturalisé?* vons ne l'avez jamais été ! *Annexé,* vous ne l'avez jamais été ! Et je ne sache pas qu'il soit jamais sorti de l'Assemblée une loi consacrant votre droit personnel à l'éligibilité. Donc, Monsieur, vous n'êtes pas *éligible.* Ici, Monsieur, je m'arrête, et je n'ose conclure plus loin ; c'est à mon pays étonné et stupéfait de son erreur, que je laisse le droit et le devoir de vous demander à quel titre vous siégez à la place que vous occupez aujourd'hui.

J'ai fini, Monsieur, ma mission est remplie, mais laissez-moi vous le dire en terminant : Vous avez outragé le noble corps dont j'ai l'honneur de faire partie ; j'aurais été lâche et coupable, si, possédant des armes aussi puissantes pour vous réduire au silence, je n'avais point osé m'en servir. Vous auriez dû vous-même avoir la sagesse de comprendre que votre fausse position personnelle vous conseillait la prudence du silence ; mais chez vous la passion et la haine ont été plus fortes. Si donc vous êtes aujourd'hui frappé, ne vous en prenez qu'à vous-même. Par vos attaques si violentes et si répétées, vous nous avez mis en droit de légitime défense, j'en ai profité. J'ai fait tomber le masque de faux patriotisme qui vous couvrait, c'était justice qu'il fût arraché par une main de prêtre ! Je vous ai dénoncé devant la France, c'est à elle de vous juger. Cette cause, je n'en doute pas, sera portée au tribunal suprême de l'Assemblée qui la dirige, j'attends avec calme et confiance la sentence qu'elle prononcera dans sa justice et sa dignité

Ceyzérieu, le 5 novembre 1876.

Toujours pas de réponse ! Pour rompre ce mysté-
rieux silence, peut-être M. Durand attend-il que la
question lui soit posée à la tribune par quelqu'un
plus autorisé que moi ? C'est ce que l'avenir nous
apprendra.

ARNAUD, curé de Ceyzérieu.

Ceyzérieu (Ain), le 5 décembre 1876.